Aves

Un libro de comparaciones y contrastes

por Aszya Summers

¡Hay más de 10.000 especies diferentes de aves en el mundo, y más de 900 solo en Norteamérica! Desde aves rapaces, pasando por aves playeras y hasta llegar a aves cantoras, las aves están entre los animales más variados y abundantes del planeta.

¿Qué tienen en común y cómo se diferencian las aves?

Mirlo acuático americano

Flamenco del Caribe

Cuervo común

Carpintero escapulario

Frailecillo silbador

Cardenal rojo

Aguililla cola roja

Golondrina común

Azulón

Lagópodo coliblanco

La forma más sencilla de diferenciar a las aves de otros animales es que las aves siempre están cubiertas por plumas. ¡De hecho son los únicos animales que tienen plumas!

¡Las plumas pueden verse de formas distintas en diferentes aves!

Los búhos, como la lechuza común, tienen plumas especiales que les permiten volar silenciosamente para sorprender a sus presas. Los "reflectores" de las plumas alrededor de los ojos de los búhos les ayudan a recibir sonidos para encontrar presas.

Los frailecillos atlánticos tienen plumas a prueba de agua que les permiten vivir en mar abierto y sumergirse para capturar peces.

Los halcones peregrinos usan las plumas oscuras bajo sus ojos, igual que la pintura utilizada por los jugadores de fútbol americano, para reducir el brillo y capturar presas en el aire.

Otras aves, como la tijereta rosada, usan las plumas de sus colas largas para impresionar a los machos con bailes elegantes en el aire.

Los herrerillos bicolores tienen una cresta de plumas en la parte alta de sus cabezas. Pueden elevar o bajar las plumas para atraer a una pareja o comunicarse con otras aves.

Muchas aves macho tienen plumas brillantes de colores que les ayudan a atraer parejas. Los colores brillantes también funcionan para desviar la atención de los nidos si se acercan otros animales o humanos.

Las hembras no son tan brillantes y coloridas para poder camuflarse mejor al estar sentadas en sus nidos.

¿Puedes decir cuáles son machos o hembras?

Azulejos gorjicanelos

Patos joyuyos

Cardenales rojos

Pavos silvestres

Faisanes comunes

Candelos tricolores

Jilgueros canarios

Azulillos sietecolores

Colibríes de garganta rubí

Pinzones mexicanos

Existen aves de muchos tamaños diferentes.

Algunas aves son bastante altas. Las grullas trompeteras son las aves más altas de Norteamérica. ¡Pueden tener hasta cinco pies (1,5 m) de altura!

¿Qué tan alto eres tú?

Otras aves son pequeñas. Los colibríes calíopes solo tienen 3,25 pulgadas (8,25 cm) de largo—¡más o menos la mitad de la longitud del billete de un dólar!

Las aves no tienen dientes, tienen picos. Cada ave tiene un pico único que les ayuda a comer exactamente lo que necesitan.

Los pinzones mexicanos tienen picos cortos y gruesos, perfectos para comer su alimento favorito: ¡semillas!

Los carpinteros de Carolina tienen picos largos y fuertes para perforar huecos en los árboles en búsqueda de insectos.

Las espátulas rosadas usan sus picos con forma de cuchara como redes para recoger animales pequeños y plantas en el agua.

Las águilas calvas usan sus picos afilados y curvos para cortar sus presas en pedazos pequeños para comer.

El pelícano pardo del Pacífico tiene una bolsa adherida a su pico. Cuando captura peces, suelta el agua y se come al pez completo.

¡Las piernas y patas de las aves son utilizadas de muchas formas distintas para ayudarles a vivir en sus diferentes hábitats!

¡Algunas veces podemos aprender sobre un ave por cómo lucen sus piernas y patas! Por ejemplo, podemos inferir que las aves con patas palmeadas nadan. Las aves con garras afiladas para agarrar presas son carnívoras.

Las aves zancudas, como este chorlo mayor de patas amarillas, tienen piernas súper largas para transitar a través de aguas poco profundas en busca de comida. Los dedos de sus patas se extienden para evitar que se hundan en el barro suelto.

Las aves nadadoras, como este frailecillo atlántico, tienen patas fuertes y palmeadas para nadar y sumergirse en el agua para capturar peces.

Las aves rapaces, como esta águila pescadora, tienen garras afiladas para atrapar y llevar a sus presas.

Algunas aves, como este cucarachero de Carolina, tienen tres dedos en las patas que apuntan hacia delante y uno que apunta hacia atrás. Estas envuelven sus dedos alrededor de las ramas para sostenerse.

Las aves escaladoras, como este picamaderos norteamericano, tienen cuatro garras afiladas y curvas para sostenerse en la corteza de los árboles. Dos dedos apuntan hacia delante y dos apuntan hacia atrás.

Todas las aves ponen huevos.

Muchas aves que ponen sus huevos sobre el terreno, como este chorlo gritón, tienen huevos moteados para ayudar a camuflarlos.

Otras aves, como el mirlo americano, ponen huevos hermosos y coloridos. Algunos científicos piensan que estos colores pueden ayudar a los huevos para mantenerse a una temperatura perfecta mientras las crías crecen en su interior.

Las aves tienen muchas formas diferentes para construir nidos.

Las águilas pescadoras construyen nidos inmensos con ramas y otros materiales provenientes de las plantas. Estas usan el mismo nido todos los años. ¡Algunos nidos pueden tener hasta 10 pies (3 m) de alto!

Las golondrinas alfareras usan barro cubierto con plumas y plantas suaves. Generalmente anidan en colonias grandes, ¡con hasta miles de nidos en un solo lugar!

Las golondrinas comunes construyen sus nidos con barro, hierba y plumas en chimeneas y alrededor de los aleros de las casas.

Los colimbos construyen sus nidos con ramitas, hierbas, cañas y otro tipo de vegetación acuática que esté cerca del agua.

El turpial de Baltimore teje hierbas largas, plumas o incluso ramales para dar forma a nidos largos y colgantes. Esos ramales pueden ser peligrosos para las aves.

Águila pescadora

Golondrina alfarera

Colimbo

Turpial de Baltimore

Golondrina común

Cuando las crías de aves nacen necesitan mucha ayuda de sus padres para crecer.

Una gran cantidad de aves padres trabajan en conjunto para capturar comida y alimentar a los polluelos hasta que estén listos para volar. Esto puede tomar varias semanas.

Colibrí de Ana

Cardenal rojo

A d ejo gorjicanelo

Tordo sargento

Con la excepción de unas pocas especies, las aves tienen huesos huecos que les permiten guardar energía mientras vuelan.

Algunas aves, como el cormorán grande, están más adecuadas para "volar" a través del agua en lugar del aire.

Aunque el correcaminos tropical que se encuentra en el sudoeste de los EE.UU. puede volar, este prefiere correr.

Sin importar la forma en que se muevan, para las aves es importante poder obtener comida y escapar de los depredadores.

Ganso de Canadá

Cormorán grande

Correcaminos tropical

Las alas fuertes son importantes para que algunas aves despeguen, especialmente para las aves más pesadas. Sobre las 20 libras (9 kg), el cóndor de California es el ave más pesada de Norteamérica. Para ayudarse a volar, tienen una envergadura masiva de 10 pies (3 m). ¡Estos a menudo saltan de acantilados para no tener que esforzarse mucho para volar!

Otras aves, como el vencejo de chimenea, tienen alas cortas y puntiagudas. Estas alas ayudan a estos acróbatas aéreos a capturar insectos diminutos en el aire.

Las temporadas cambiantes afectan a las aves. En zonas que se tornan muy frías para ellas o para sus alimentos durante el invierno, muchas aves vuelan o migran hacia zonas más cálidas. Incluso puedes ver aves migrando en primavera u otoño.

Los charranes árticos son los campeones de los migrantes. Estos vuelan 25.000 millas (más de 40.000 km) cada año, ¡desde el Polo Norte hasta el Polo Sur!

Los pavos silvestres tienen muchas plumas gruesas y cálidas. Al comer una gran variedad de alimentos,

¡se quedan en climas fríos todo el año! Los pavos también cargan montones de grasa extra, y usualmente prefieren correr en lugar de volar para desplazarse.

¡Cubiertos en plumas, volando a través del aire, huesos huecos, nidos y muchísimo más! Las aves están ocupadas prosperando en diferentes tipos de hábitats en toda Norteamérica, en cada lugar que puedas imaginar.

Si fueras un ave, ¿qué tipo de adaptaciones tendrías? ¿Dónde vivirías?

Urraca común

Grulla canadiense

Colimbo

Lechuza campestre

Carbonero de capucha negra

Garza azulada

Copetón
tiranillo

Charrán
real

Ostrero común americano

Codorniz desértica

Para las mentes creativas

Observadores de aves principiantes

Si te interesa buscar vida silvestre, ¡las aves son perfectas para comenzar! Buscar aves en el exterior es una forma maravillosa de aprender que la naturaleza no solo está en parques o lugares especiales y protegidos. Puedes encontrar aves en todas partes.

Consejos para encontrar aves: Usa todos tus sentidos para encontrar aves en tu vecindario. Explora visualmente cualquier lugar que pueda ser un buen hogar para las aves. Quizá haya alguna tomando una siesta sobre los árboles, o en un lugar sombreado detrás de tu casa. Usa también tus oídos. ¡Las aves cantan todo el tiempo! Generalmente, escucharás un ave antes de poder verla. Cuando escuches un ave, cierra los ojos y trata de descifrar de dónde viene el sonido.

Sigue las señales: Las aves dejan señales en lugares por los que han pasado. Revisa las ramas para ver si hay restos de nidos. En primavera, puede que tengas suerte para encontrar un nido completo de ave o piezas de huevos. Revisa los troncos, especialmente de árboles muertos, en busca de agujeros de pájaros carpinteros. Y presta atención para encontrar huellas, plumas o excrementos.

huellas en arena, barro o nieve	plumas	excremento de ave

Atráelas hacia ti: Puedes fabricar muchos comederos de aves caseros y sencillos. Cubrir un fruto del pino con mantequilla de maní o miel, y luego hacerlo rodar en semillas de girasol, es una excelente forma para atraer desde jilgueros hasta cardenales hacia tu ventana.

Observa a tus nuevas amistades: Mejora tus habilidades científicas al observar a tus nuevas aves amigas y dibujando o escribiendo lo que ves. Puede ser divertido ver en qué tipo de hábitats viven los diferentes tipos de aves, o en qué tipo de clima se pueden observar más seguido. ¡Utiliza todos estos consejos para convertirte en un observador de aves!

¡No solo para las aves!

La vida como un ave es muy diferente a la nuestra en muchas formas, ¡pero en algunas otras formas es bastante similar! Piensa en cada cosa que un ave puede hacer más abajo. Describe qué herramientas usas para hacer algunas cosas que las aves hacen.

Para moverse de un lugar a otro, la mayoría de las aves extienden sus alas y vuelan. *¿Cómo puedes volar tú de lugar en lugar?*

Cuando llega el frío, las aves se arropan con sus patas y esponjan sus plumas para mantenerse calientes. *¿Qué puedes usar tú cuando hace mucho frío?*

El colibrí usa un pico largo, delgado y hueco para sorber néctar líquido de las plantas. *¿Qué puedes usar tú para sorber líquido de un contenedor?*

Muchas aves carnívoras usan sus picos afilados para rebanar la carne en piezas más pequeñas que quepan en sus bocas. *¿Qué puedes usar tú para rebanar la comida en piezas pequeñas?*

Los pelícanos usan sus grandes picos para recoger un bocado de agua y peces, ¡y luego drenan el agua para quedarse solo con los peces! *¿Hay alguna herramienta que puedas usar para recoger objetos sólidos, como peces, fuera de un líquido?*

El pájaro carpintero usa un pico fuerte y afilado para picar orificios en árboles con el objetivo de encontrar insectos. *¿Qué herramienta usarías para hacer orificios en la madera?*

¿De quién es la pata?

Con tantas aves en tantos lugares diferentes, muchas tienen montones de adaptaciones distintas que les ayudan a sobrevivir en sus hábitats. ¡Examina en detalle cada pata y únelas con el ave en su hábitat! Piensa en qué sería útil cada tipo de pata.

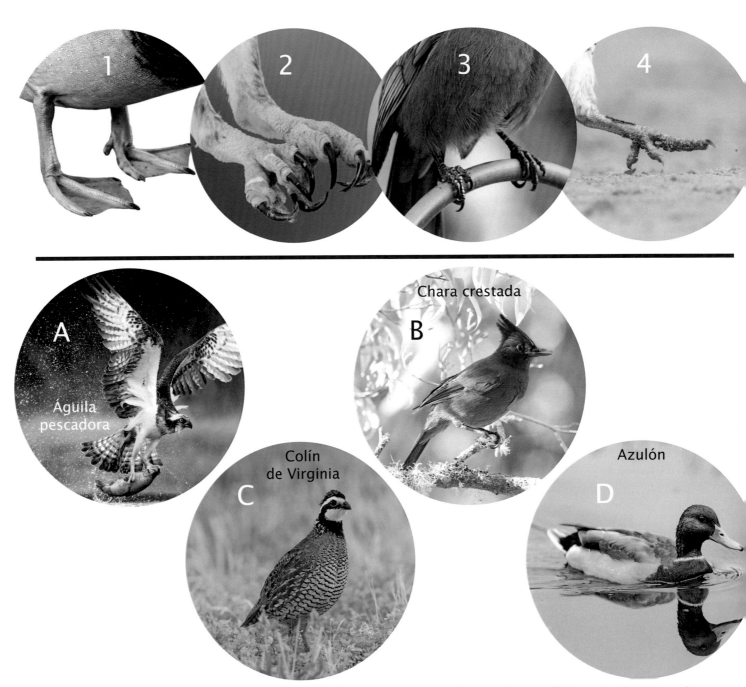

Respuestas: 1D-Los azulones usan patas palmeadas para remar y nadar en el agua. 2A-Las águilas pescadoras usan garras fuertes y afiladas para capturar peces. 3B-Las charas crestadas usan sus patas para agarrarse a ramas pequeñas en los árboles. 4C-El colín de Virginia tiene patas fuertes y planas, ya que pasa la mayoría de sus días caminando a través de hierba alta en busca de semillas.

Conexiones de conservación

Algunas de las soluciones de conservación más creativas provienen de la conservación de aves norteamericanas. Los conservacionistas, o personas que trabajan para proteger especies en peligro de extinción, trabajan a diario para proteger especies amenazadas en toda Norteamérica. El trabajo en conservación requiere dedicación, esfuerzo y muchísima creatividad.

El cóndor de California hace su nido en acantilados o cimas a lo largo de la costa del Pacífico. Amenazado por la pérdida de hábitat, la cacería y la colección de huevos, para 1987 solo quedaban 22 aves en la naturaleza. Las aves fueron capturadas y llevadas a zoológicos para la cría. Los cuidadores criaron a los polluelos usando muñecos y disfraces para enseñarles todas las habilidades que necesitarían para sobrevivir cuando fueran liberadas de vuelta a la naturaleza. Ahora hay más de 400 cóndores en la naturaleza y aún se está utilizando el programa de cría en zoológicos.

Para 1940, el número de grullas trompeteras cayó de miles a una bandada de menos de 30. Las hembras de grullas trompeteras normalmente ponen dos huevos por temporada, pero por lo general solo sobrevive uno. Los científicos recolectaron los segundos huevos para criar a los polluelos usando disfraces. Para proteger a las grullas de las inundaciones y otros desastres, estos querían una segunda bandada. Los conservacionistas enseñaron a las aves una nueva ruta de migración usando un avión ultraligero piloteado por una persona disfrazada de grulla. Actualmente, hay cientos de grullas viviendo en la naturaleza.

Una de las principales amenazas para el águila calva eran los pesticidas, como el DDT. Cuando se descubrió que los químicos causaban que los cascarones de los huevos fueran muy delgados para proteger a los polluelos por nacer, ya habían menos de 500 parejas reproductoras en los EE.UU. Luego de años de investigaciones y presiones para un uso más cuidadoso de los pesticidas, el DDT fue prohibido y las águilas blancas comenzaron a recuperarse. En 2007, el águila calva fue sacada de la lista de especies en peligro de extinción, y hoy se le puede ver de nuevo en toda Norteamérica.

Para Tom, Papá y Jess, por tolerar durante 30 años mis interrupciones para señalar a cada animal en todas partes—AS

Una nota del editor: En su versión en inglés, este libro usa los nombres y mayúsculas recomendados por el North American Classification and Nomenclature Committee de la American Ornithological Society.

Gracias a Christina Lavallee, Cuidadora Líder del Zoo Atlanta, por verificar la información en este libro.

Todas las fotografías son licenciadas mediante Adobe Stock Photos o Shutterstock.

Library of Congress Cataloging-in-Publication Data

Names: Summers, Aszya, 1992- author.
Title: Aves : un libro de comparaciones y contrastes / por Aszya Summers.
Other titles: Birds. Spanish
Description: Mt. Pleasant, SC : Arbordale Publishing, [2023] | Series: Compare and contrast | Translation of: Birds. | Includes bibliographical references.
Identifiers: LCCN 2022051358 (print) | LCCN 2022051359 (ebook) | ISBN 9781638172642 (paperback) | ISBN 9781638170037 (interactive dual-language, read along) | ISBN 9781638172826 (epub read along) | ISBN 9781638172765 (PDF basic)
Subjects: LCSH: Birds--Juvenile literature.
Classification: LCC QL676.2 .S8618 2023 (print) | LCC QL676.2 (ebook) | DDC 598--dc23/eng/20221110

English title: ***Birds: A Compare and Contrast Book***
English paperback ISBN: 9781643519845
English ePub ISBN: 9781638170419
English PDF ebook ISBN: 9781638170228
Dual-language read-along available online at www.fathomreads.com

Spanish Lexile® Level: 920L

Bibliography

"Audubon Guide to North American Birds." Audubon, 2019, www.audubon.org/bird-guide.
"Backyard Bird Identification Guide (Identify Your Visitors)." Backyardbirdingblog.com, 1 July 2015, backyardbirdingblog.com/backyard-bird-identification-guide/.
"Birds of North America - North American Birds." Birds-of-North-America.net, 2019, www.birds-of-north-america.net/.
Kazilek, CJ. "23 Functions of Feathers". ASU - Ask A Biologist. 30 Sep 2009. ASU - Ask A Biologist, Web. 7 May 2021. https://askabiologist.asu.edu/content/23-functions-feathers
"Online Bird Guide, Bird ID Help, Life History, Bird Sounds from Cornell." All about Birds, 2019, www.allaboutbirds.org.
"Types of Bird Feet." Robinsonlibrary.com, robinsonlibrary.com/science/zoology/birds/general/feet.htm.

Elaborado en los EEUU
Este producto se ajusta al CPSIA 2008

Arbordale Publishing
Mt. Pleasant, SC 29464
www.ArbordalePublishing.com